HSK 书写练习册是一套与 HSK 标准教程配套的字帖，同时也是一套辅助读者们轻松学习汉语的工具书，本书通过"阅读+书写"的模式，有效地帮助读者们提高汉语应试能力以及书写能力。

现对本书的各个板块进行说明：

1. 拼音 Chinese Pinyin

完整编入 HSK 1 级考试要求掌握的汉语拼音声母和韵母。采用四线格，书写练习方式为描红和临写，同时辅以例字。

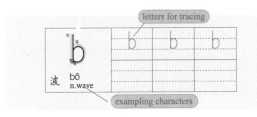

2. 生词 Words

完整编入 HSK 1-3 级词汇，采用田字格，书写练习方式为描红和临写。

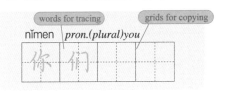

3. 笔画 Strokes

完整编入 HSK 1-2 级考试要求掌握的汉字笔画，对例字中的笔画进行描红练习，采用田字格。

4. 独体字 Single-Component Characters

完整编入 HSK 1-3 级考试要求掌握的独体字，采用田字格，书写练习方式为描红和临写。

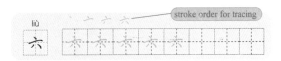

5. 偏旁 Radicals of Chinese Characters

完整编入 HSK 1-2 级考试要求掌握的汉字偏旁，对例字中的偏旁进行描红练习，采用田字格。

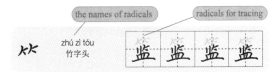

6. 注释 Notes

编入 HSK 3 级考试要求掌握的语言点，以重点词汇加例句的形式展开，采用横线格，书写练习方式为描红。例句中对重点词汇加着重号进行提示，加强应用学习。

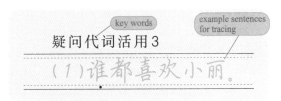

7. 俗语 Common Proverbs

编入 HSK 3 级考试每课结尾的中国俗语，采用横线格，书写练习方式为描红。

8. 延伸 Extension

编入与中国文化相关的内容，在课内练习之外进行知识延伸拓展，以增添学习的趣味性。

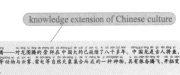

图书在版编目（ＣＩＰ）数据

HSK 书写练习册. 1-3 级 / 荆霄鹏书. — 郑州 ：河南美术出版社，2019.3

ISBN 978-7-5401-4651-1

Ⅰ．①H… Ⅱ．①荆… Ⅲ．①汉字-书法-对外汉语教学-习题集 Ⅳ．①H195.6

中国版本图书馆 CIP 数据核字 (2019) 第 011656 号

HSK 书写练习册·1-3 级

荆霄鹏 书

责任编辑：张浩

责任校对：谭玉先

选题策划：墨点字帖

封面设计：墨点字帖

出版发行：河南美术出版社

地　　址：郑州市经五路 66 号

邮政编码：450002

电　　话：(0371) 65727637

印　　刷：武汉华豫天一印务有限责任公司

开　　本：787mm×1092mm　1/16

印　　张：4

版　　次：2019 年 3 月第 1 版

印　　次：2019 年 6 月第 1 次印刷

定　　价：20.00 元

Contents
目　录 >>>

1 汉语拼音
Chinese Pinyin

🔍 声母 shēng mǔ · Initials ❯❯❯

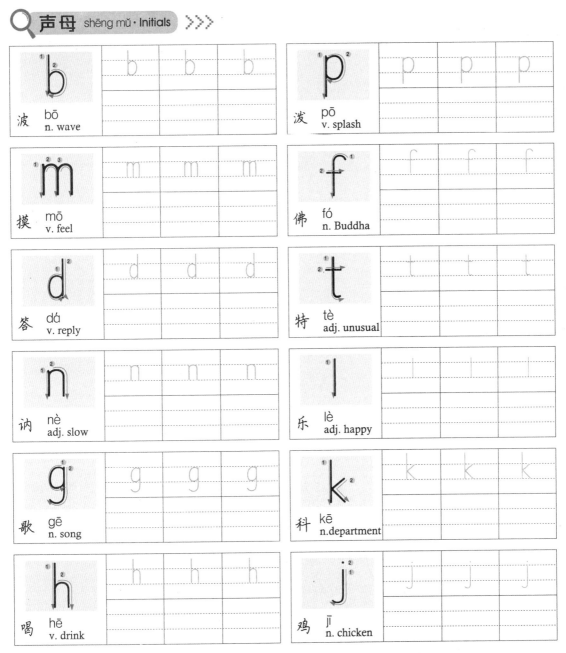

波 bō n. wave	泼 pō v. splash	
摸 mō v. feel	佛 fó n. Buddha	
答 dá v. reply	特 tè adj. unusual	
讷 nè adj. slow	乐 lè adj. happy	
歌 gē n. song	科 kē n. department	
喝 hē v. drink	鸡 jī n. chicken	

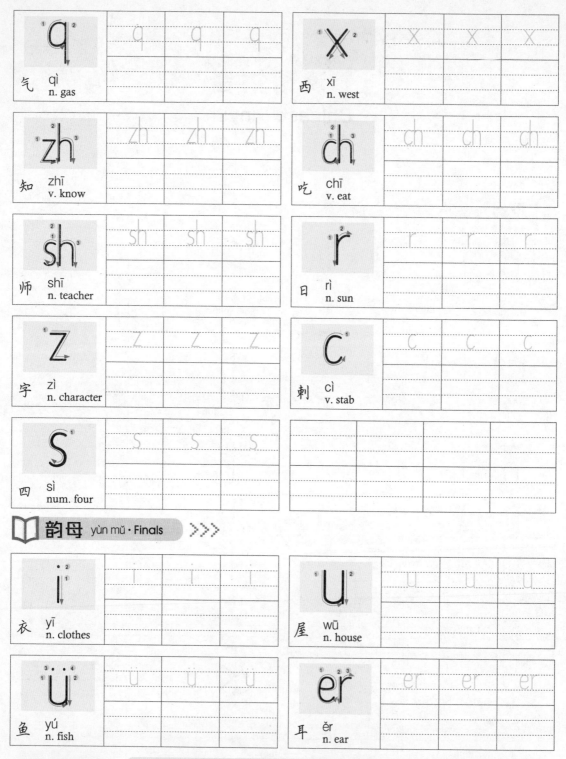

气 qì
n. gas

西 xī
n. west

知 zhī
v. know

吃 chī
v. eat

师 shī
n. teacher

日 rì
n. sun

字 zì
n. character

刺 cì
v. stab

四 sì
num. four

韵母 yùn mǔ · Finals

衣 yī
n. clothes

屋 wū
n. house

鱼 yú
n. fish

耳 ěr
n. ear

延伸 yán shēn Extension

lóng tú téng　　　　duì lóng tú téng de chóng bài zài Zhōng guó dà yuē yǐ yán xù le bā qiān duō nián　　Zhōng guó lóng
龙图腾——对龙图腾的崇拜在中国大约已延续了八千多年。中国龙
shì gǔ rén jiāng yú 、shé 、hǔ 、niú děng dòng wù yǔ yún wù 、léi diàn děng zì rán xiàn xiàng jí hé ér chéng de yì zhǒng shén
是古人将鱼、蛇、虎、牛等动物与云雾、雷电等自然现象集合而成的一种神
wù ，jù yǒu zhèn fèn téng fēi 、kāi tà biàn huà de yù yì
物，具有振奋腾飞、开拓变化的寓意。

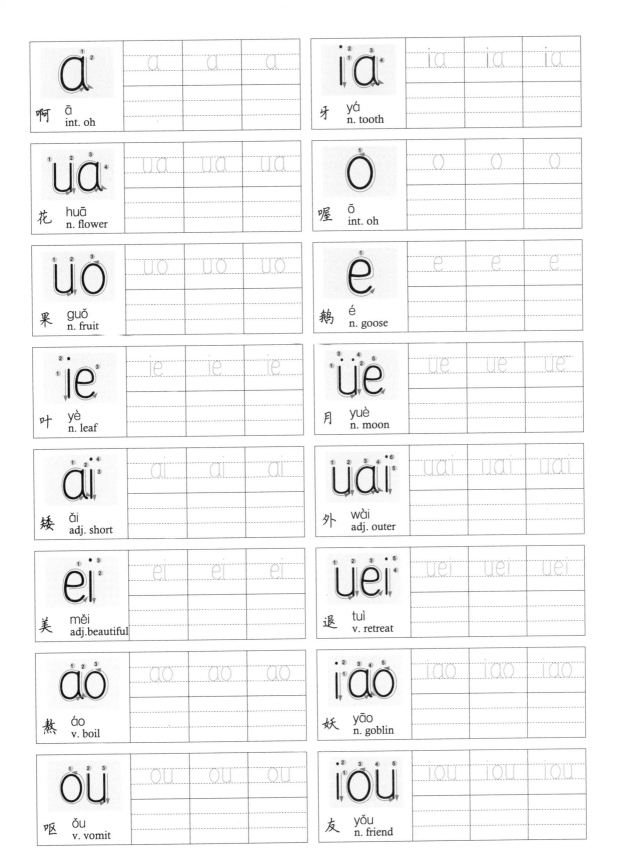

a				ia			
啊 ā int. oh				牙 yá n. tooth			

ua				o			
花 huā n. flower				喔 ō int. oh			

uo				e			
果 guǒ n. fruit				鹅 é n. goose			

ie				üe			
叶 yè n. leaf				月 yuè n. moon			

ai				uai			
矮 ǎi adj. short				外 wài adj. outer			

ei				uei			
美 měi adj.beautiful				退 tuì v. retreat			

ao				iao			
熬 áo v. boil				妖 yāo n. goblin			

ou				iou			
呕 ǒu v. vomit				友 yǒu n. friend			

an	an	an	an		ian	ian	ian	ian
安 ān adj. safe					咸 xián adj. salty			

uan	uan	uan	uan		üan	üan	üan	üan
玩 wán v. play					圆 yuán n. circle			

en	en	en	en		in	in	in	in
摁 èn v. press					银 yín n. silver			

uen	uen	uen	uen		ün	ün	ün	ün
婚 hūn n. marrige					云 yún n. cloud			

ang	ang	ang	ang		iang	iang	iang	iang
昂 áng v. raise					象 xiàng n. elephant			

uang	uang	uang	uang		eng	eng	eng	eng
黄 huáng n. yellow					冷 lěng adj. cold			

ing	ing	ing	ing		ueng	ueng	ueng	ueng
鹰 yīng n. eagle					瓮 wèng n. jar			

ong	ong	ong	ong		iong	iong	iong	iong
钟 zhōng n. clock					熊 xióng n. bear			

1 你 好

Nǐ hǎo

Hello

🔍 **生词** shēng cí · Words >>>

nǐ *pron. (singular) you*

你　　你

hǎo *adj. good, fine*

好　　好

nǐmen *pron. (plural) you*

你 们

duìbuqǐ *v. to be sorry*

对 不 起

méi guānxi *that's OK, it doesn't matter*

没 关 系

📖 **笔画** bǐ huà · Strokes >>>

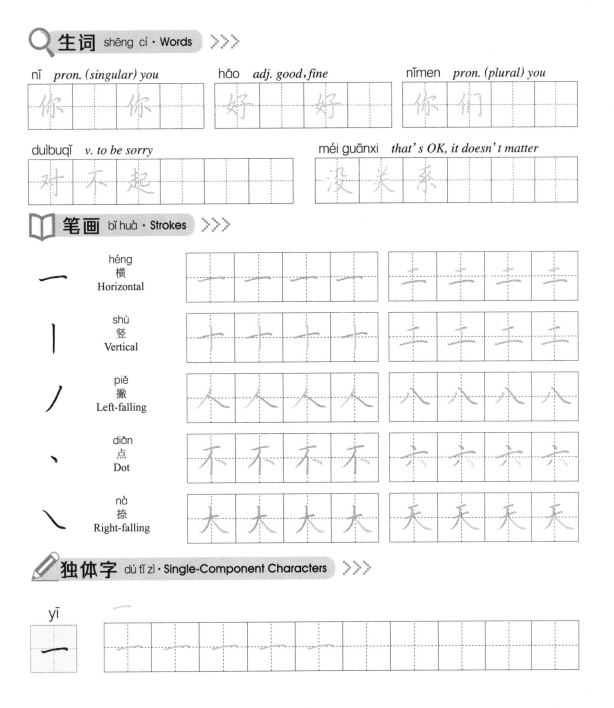

一	héng 横 Horizontal	一 一 一 一	一 一 一 一
丨	shù 竖 Vertical	十 十 十 十	干 干 干 干
丿	piě 撇 Left-falling	人 人 人 人	八 八 八 八
丶	diǎn 点 Dot	不 不 不 不	六 六 六 六
乀	nà 捺 Right-falling	大 大 大 大	天 天 天 天

✏️ **独体字** dú tǐ zì · Single-Component Characters >>>

yī

一

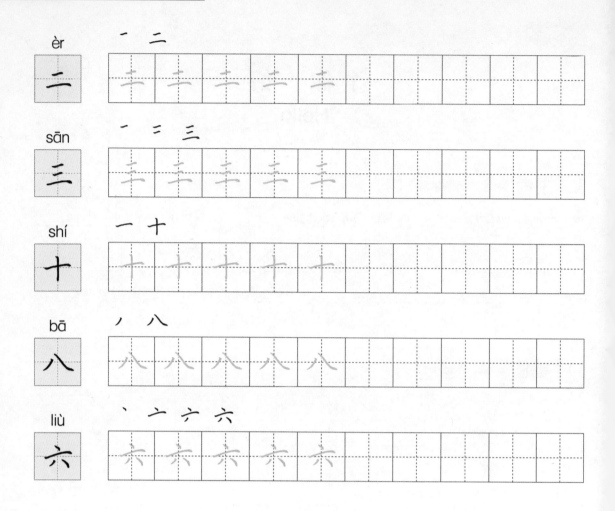

èr	二	一 二
sān	三	一 二 三
shí	十	一 十
bā	八	丿 八
liù	六	丶 亠 六 六

Xiè xie   nǐ

2 谢谢你

Thank you

🔍 **生词** shēng cí · Words ⟫⟫⟫

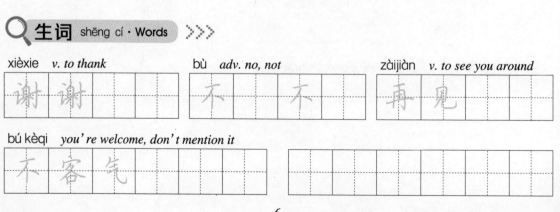

| xièxie | v. to thank | bù | adv. no, not | zàijiàn | v. to see you around |

谢 谢   不 不   再 见

| bú kèqi | you're welcome, don't mention it |

不 客 气

📖 笔画 bǐ huà · Strokes >>>

	héngzhé 横折 Horizontal-Turning								
㇆	口	口	口	口	日	日	日	日	

	shùzhé 竖折 Vertical-Turning								
㇄	山	山	山	山	出	出	出	出	

	shùgōu 竖钩 Vertical Hook								
㇚	丁	丁	丁	丁	小	小	小	小	

✏️ 独体字 dú tǐ zì · Single-Component Characters >>>

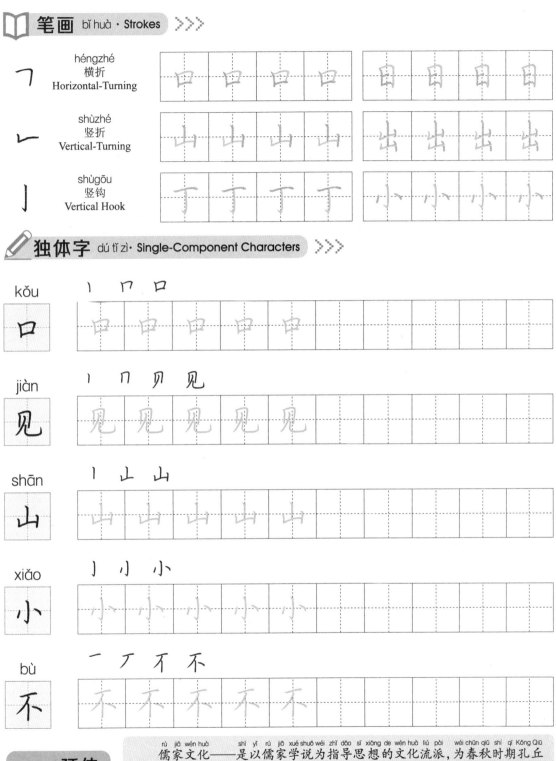

kǒu 口 ㇐ ㄇ 口

jiàn 见 ㇒ ㄇ 贝 见

shān 山 ㇙ 凵 山

xiǎo 小 ㇚ 小 小

bù 不 ㇐ ㇗ 不 不

延伸 yán shēn Extension

rú jiā wén huà   shì yǐ rú jiā xué shuō wéi zhǐ dǎo sī xiǎng de wén huà liú pài   wéi chūn qiū shí qī Kǒng Qiū
儒家文化——是以儒家学说为指导思想的文化流派，为春秋时期孔丘
suǒ chuàng qí hé xīn shì rén   rú jiā xué shuō duì Zhōng guó wén huà de fā zhǎn qǐ le jué dìng xìng de zuò yòng zài
所创，其核心是"仁"。儒家学说对中国文化的发展起了决定性的作用，在
Zhōng guó wén huà de shēn céng guān niàn zhōng wú bù dǎ zhe rú jiā sī xiǎng de lào yìn
中国文化的深层观念中，无不打着儒家思想的烙印。

Nǐ   jiào   shénme   míngzi

3 你叫什么名字

What's your name

🔍 **生词** shēng cí · Words >>>

jiào   *v. to call, to be called*

叫		叫	

shénme   *pron. what*

什	么		

míngzi   *n. name*

名	字		

wǒ   *pron. I, me*

我		我	

shì   *v. to be*

是		是	

lǎoshī   *n. teacher*

老	师		

ma   *part. used at the end of a question*

吗		吗	

xuésheng   *n. student*

学	生		

rén   *n. human, person*

人		人	

📖 **笔画** bǐ huà · Strokes >>>

丁	héngzhégōu 横折钩 Horizontal-Turning-Hook	门 门 门 门	月 月 月 月
乚	wògōu 卧钩 Lying Hook	心 心 心 心	您 您 您 您

✏️ **独体字** dú tǐ zì · Single-Component Characters >>>

yuè

月   丿 几 月 月

月	月	月	月	月			

xīn

心   丶 心 心 心

心	心	心	心	心			

zhōng

中   丨 冂 口 中

中	中	中	中	中			

rén	ノ 人					
人	人	人	人	人	人	

延伸
yán shēn
Extension

Zhōng guó shū fǎ　　shì yì mén gǔ lǎo de Hàn zì shū xiě yì shù cóng jiǎ gǔ wén　jīn wén yǎn biàn zhì jīn tiān
中国书法——是一门古老的汉字书写艺术，从甲骨文、金文演变至今天
de cǎo shū　kǎi shū　xíng shū děng　shū fǎ yì zhí sàn fā zhe yì shù de mèi lì　Hàn zì shì Zhōng guó shū fǎ zhōng de
的草书、楷书、行书等，书法一直散发着艺术的魅力。汉字是中国书法中的
zhòng yào yīn sù　　yǐ Hàn zì wéi yī tuō　shì Zhōng guó shū fǎ qū bié yú qí tā zhǒng lèi shū fǎ de zhǔ yào biāo zhì
重要因素，以汉字为依托，是中国书法区别于其他种类书法的主要标志。

Tā　shì　wǒ　de　Hànyǔ　lǎoshī

4 她是我的汉语老师

She is my Chinese teacher

🔍 **生词** shēng cí · Words >>>

tā pron. she, her	shéi pron. who, whom	de part. used after an attribute
她　她	谁　谁	的　的

Hànyǔ n. Chinese (language)	nǎ pron. which	guó n. country, nation
汉 语	哪　哪	国　国

ne part. used at the end of a question	tā pron. he, him	tóngxué n. classmate
呢　呢	他　他	同 学

péngyou   n. friend
朋 友

📖 **笔画** bǐ huà · Strokes >>>

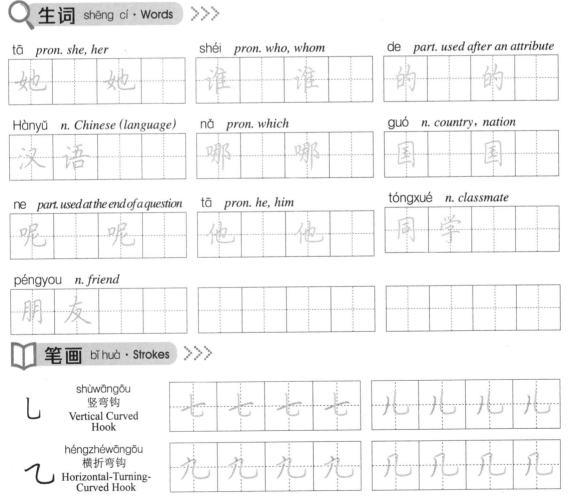

shùwāngōu 竖弯钩 Vertical Curved Hook	七 七 七 七	儿 儿 儿 儿
héngzhéwāngōu 横折弯钩 Horizontal-Turning-Curved Hook	九 九 九 九	几 几 几 几

9

✏️ **独体字** dú tǐ zì · Single-Component Characters >>>

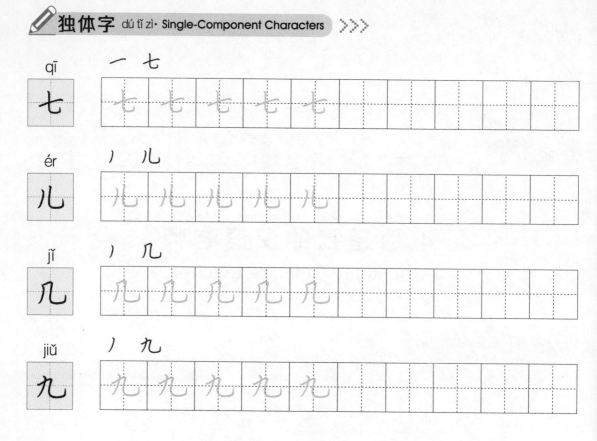

qī 七	一 七
ér 儿	ノ 儿
jǐ 几	ノ 几
jiǔ 九	ノ 九

Tā nǚ'ér jīnnián èrshí suì
5 她女儿今年二十岁
Her daughter is 20 years old this year

🔍 **生词** shēng cí · Words >>>

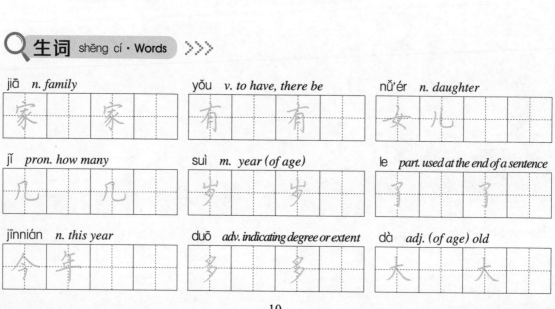

jiā   n. family

yǒu   v. to have, there be

nǚ'ér   n. daughter

jǐ   pron. how many

suì   m. year (of age)

le   part. used at the end of a sentence

jīnnián   n. this year

duō   adv. indicating degree or extent

dà   adj. (of age) old

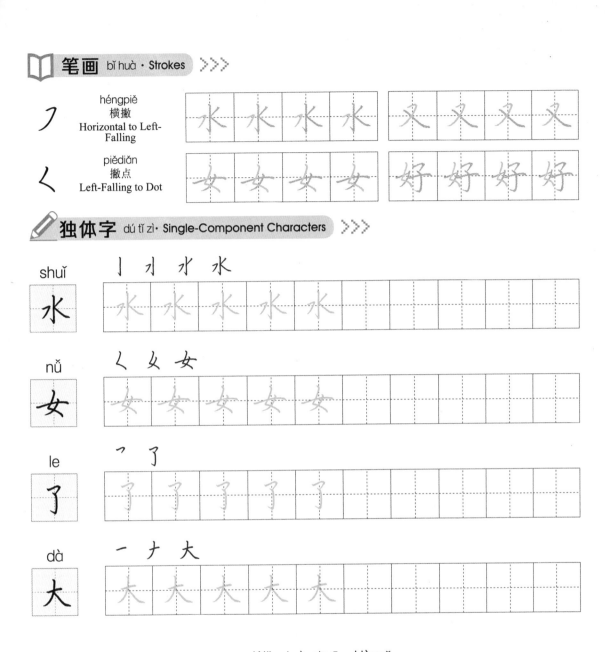

㇕ héngpiě 横撇 Horizontal to Left-Falling	水 水 水 水 叉 叉 叉 叉
㇛ piědiǎn 撇点 Left-Falling to Dot	女 女 女 女 好 好 好 好

✏️ **独体字** *dú tǐ zì · Single-Component Characters* >>>

shuǐ 水 丨 亅 水 水

nǚ 女 く 女 女

le 了 乛 了

dà 大 一 ナ 大

Wǒ huì shuō Hànyǔ

6 我会说汉语
I can speak Chinese

🔍 **生词** *shēng cí · Words* >>>

huì *mod. can, to be able to*	**shuō** *v. to speak, to say*	**māma** *n. mother*
会　会	说　说	妈 妈

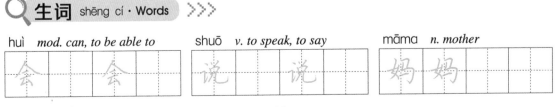

11

cài   *n. dish, cuisine*

菜

hěn   *adv. very, quite*

很

zuò   *v. to make, to produce*

做

xiě   *v. to write*

写

Hànzì   *n. Chinese character*

汉字

zì   *n. character, word*

字

zěnme   *pron. how*

怎么

dú   *v. to read*

读

📖 **笔画** bǐ huà · Strokes　>>>

ㄥ

piězhé
撇折
Left-Falling to
Turning

幺　幺　幺　幺

东　东　东　东

乀

xiégōu
斜钩
Slanting Hook

我　我　我　我

钱　钱　钱　钱

ノ

tí
提
Rising

我　我　我　我

打　打　打　打

✏️ **独体字** dú tǐ zì · Single-Component Characters　>>>

dōng

东

一　七　车　东　东

东　东　东　东　东

wǒ

我

丿　二　于　手　我　我

我　我　我　我　我

xī

西

一　冂　冂　丙　西　西

西　西　西　西　西

📚 **延伸**
yán shēn
Extension

　　fènghuáng　　　yì zuò　　fènghuáng　　shì gǔ dài chuánshuōzhōng de bǎi niǎo zhī wáng　chángyòng lái xiàngzhēngxiáng
凤凰——亦作"凤皇"，是古代传说中的百鸟之王，常用来象征祥
ruì　　fènghuáng qí fēi　　shì jí xiáng hé xié de xiàngzhēng　zì gǔ jiù shì Zhōng guó wén huà de zhòng yào yuán sù
瑞。凤凰齐飞，是吉祥和谐的象征，自古就是中国文化的重要元素。

7 今天几号

Jīntiān jǐ hào

What's the date today

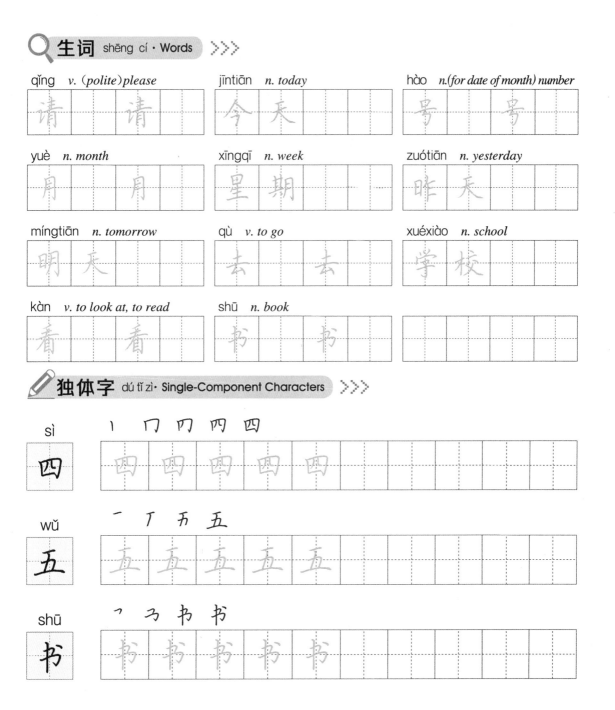

🔍 **生词** shēng cí · Words >>>

qǐng *v. (polite) please*

请			请		

jīntiān *n. today*

今	天				

hào *n.(for date of month) number*

号			号		

yuè *n. month*

月			月		

xīngqī *n. week*

星	期				

zuótiān *n. yesterday*

昨	天				

míngtiān *n. tomorrow*

明	天				

qù *v. to go*

去			去		

xuéxiào *n. school*

学	校				

kàn *v. to look at, to read*

看			看		

shū *n. book*

书			书		

✏️ **独体字** dú tǐ zì · Single-Component Characters >>>

sì 丨 冂 冂 四 四

四	四	四	四	四	四

wǔ 一 丁 五 五

五	五	五	五	五	五

shū ⁷ ㇆ 书 书

书	书	书	书	书	书

⭐ 偏旁 piān páng · Radicals >>>

| 氵 | sān diǎn shuǐ 三点水 | 汉 汉 汉 汉 | 没 没 没 没 |
| 讠 | yán zì páng 言字旁 | 语 语 语 语 | 谁 谁 谁 谁 |

Wǒ xiǎng hē chá

8 我想喝茶
I'd like some tea

🔍 生词 shēng cí · Words >>>

xiǎng *mod. to want, would like*
想　　　想

hē *v. to drink*
喝　　　喝

chá *n. tea*
茶　　　茶

chī *v. to eat*
吃　　　吃

mǐfàn *n. cooked rice*
米 饭

xiàwǔ *n. afternoon*
下 午

shāngdiàn *n. shop, store*
商 店

mǎi *v. to buy, to purchase*
买　　　买

gè *m. a general measure word*
个　　　个

bēizi *n. cup, glass*
杯 子

zhè *pron. this*
这　　　这

duōshao *pron. how many*
多 少

qián *n. money*
钱　　　钱

kuài *m. a unit of money*
块　　　块

nà *pron. that*
那　　　那

✏️ 独体字 dú tǐ zì · Single-Component Characters >>>

shǎo
丨 亅 小 少
少
少 少 少 少

14

gè

个

ノ 人 个

个 个 个 个 个

⭐ 偏旁 piān páng · Radicals >>>

钅 jīn zì páng
金字旁

钟 钟 钟 钟　钱 钱 钱 钱

口 kǒu zì páng
口字旁

吃 吃 吃 吃　喝 喝 喝 喝

Nǐ　érzi　zài　nǎr　gōngzuò

9 你儿子在哪儿工作
Where does your son work

🔍 生词 shēng cí · Words >>>

xiǎo　*adj. small, little*

小　　小

māo　*n. cat*

猫　　猫

zài　*v. to be in/on/at*

在　　在

nàr　*pron. there*

那 儿

gǒu　*n. dog*

狗　　狗

yǐzi　*n. chair*

椅 子

xiàmiàn　*n. under, below*

下 面

zài　*prep. in/on/at*

在　　在

nǎr　*pron. where*

哪 儿

gōngzuò　*v./n. to work; job*

工 作

érzi　*n. son*

儿 子

yīyuàn　*n. hospital*

医 院

yīshēng　*n. doctor*

医 生

bàba　*n. father*

爸 爸

✏️ 独体字 dú tǐ zì · Single-Component Characters >>>

zài

在　一 ナ ナ ナ 在 在

子　㇇ 了 子

zǐ

gōng

工　一 ㇀ 工

🎖️ 偏旁 piān páng · Radicals >>>

辶　zǒu zhī páng
走之旁

门　mén zì kuàng
门字框

Wǒ néng zuò zhèr ma

10 我能坐这儿吗

Can I sit here

🔍 生词 shēng cí · Words >>>

zhuōzi　*n. desk, table*

桌子

shang　*n. up, above*

上　　上

diànnǎo　*n. computer*

电脑

hé　*conj. and*

和　　和

běn　*m. a measure word for books*

本　　本

li　*n. inner, inside, interior*

里　　里

qiánmiàn *n. front*	hòumiàn *n. back*	zhèr *pron. here*
前 面	后 面	这 儿

méiyǒu *adv. there is not*	néng *mod. can, may*	zuò *v. to sit, to be seated*
没 有	能 能	坐 坐

✏️ **独体字** dú tǐ zì · Single-Component Characters >>>

shàng	⼁ ⼂ 上
上	上 上 上 上 上

xià	一 丅 下
下	下 下 下 下 下

běn	一 十 才 木 本
本	本 本 本 本 本

mò	一 二 キ キ 未
未	未 未 未 未 未

🎖️ **偏旁** piān páng · Radicals >>>

囗	guó zì kuàng 国字框	国 国 国 国	困 困 困 困
礻	shì zì páng 示字旁	视 视 视 视	祝 祝 祝 祝

延伸
yán shēn
Extension

Lún yǔ　　　　shì rú jiā de jīng diǎn zhù zuò zhī yī　　tā shì duì Kǒng zǐ jí qí dì zǐ de yán xíng hé duì
《论语》——是儒家的经典著作之一，它是对孔子及其弟子的言行和对
huà de jì lù。liǎng qiān nián lái　　Lún yǔ　　yì zhí jí dà de yǐng xiǎng zhe Zhōng guó rén de zhé xué guān hé dào dé guān
话的记录。两千年来，《论语》一直极大地影响着中国人的哲学观和道德观，
yě yǐng xiǎng zhe qí tā yà zhōu guó jiā rén mín de zhé xué guān hé dào dé guān
也影响着其他亚洲国家人民的哲学观和道德观。

11 现在几点

Xiànzài jǐ diǎn

What's the time now

生词 shēng cí · Words >>>

xiànzài *n. now*

diǎn *m. o'clock*

fēn *m. minute*

zhōngwǔ *n. noon*

chī fàn *v. to eat a meal*

shíhou *n. time, moment*

huí *v. to come/go back*

wǒmen *pron. we, us*

diànyǐng *n. film, movie*

zhù *v. to live, to stay*

qián *n. before, earlier than*

独体字 dú tǐ zì · Single-Component Characters >>>

wǔ ノ 仁 仨 午

午 午 午 午 午

diàn 丨 冂 冂 日 电

电 电 电 电 电

偏旁 piān páng · Radicals >>>

阝 ěr dāo páng 耳刀旁   院 院 院 院   阳 阳 阳 阳

亻 dān rén páng 单人旁   你 你 你 你   他 他 他 他

12 明天天气怎么样

Míngtiān tiānqì zěnmeyàng

What will the weather be like tomorrow

🔍 生词 shēng cí · Words >>>

tiānqì *n. weather*

天	气			

tài *adv. too, excessively*

太		太		

rè *adj. hot*

热		热		

lěng *adj. cold*

冷		冷		

xià yǔ *to rain*

下	雨			

xiǎojiě *n. miss, young lady*

小	姐			

lái *v. to come*

来		来		

ài *v. to like, to love*

爱		爱		

xiē *m. some, a few*

些		些		

shuǐguǒ *n. fruit*

水	果			

shuǐ *n. water*

水		水		

zěnmeyàng *pron. how*

怎	么	样		

✏️ 独体字 dú tǐ zì · Single-Component Characters >>>

tiān

一 二 チ 天

天　天　天　天　天

qì

丿 亇 气 气

气　气　气　气　气

yǔ

一 冂 冂 雨 雨 雨 雨 雨

雨　雨　雨　雨　雨

⭐ 偏旁 piān páng · Radicals ⟫⟫⟫

| 女 | nǚ zì páng
女字旁 | 姐 姐 姐 姐 | 妈 妈 妈 妈 |
| 饣 | shí zì páng
食字旁 | 饭 饭 饭 饭 | 饮 饮 饮 饮 |

Tā zài xué zuò Zhōngguó cài ne

13 他在学做中国菜呢

He is learning to cook Chinese food

🔍 生词 shēng cí · Words ⟫⟫⟫

wèi *int. hello, hey*

喂 喂

xuéxí *v. to study, to learn*

学 习

shàng wǔ *n. morning, before noon*

上 午

shuì jiào *v. to sleep*

睡 觉

diànshì *n. television*

电 视

xǐhuan *v. to like, to be fond of*

喜 欢

dǎ diànhuà *to make a phone call*

打 电 话

✏️ 独体字 dú tǐ zì · Single-Component Characters ⟫⟫⟫

rì ｜ 冂 冃 日

日 | 日 日 日 日 日

mù ｜ 冂 冃 月 目

目 | 目 目 目 目 目

xí 刁 习 习

习 | 习 习 习 习 习

日   rì zì páng 日字旁

| 明 | 明 | 明 | 明 | | 时 | 时 | 时 | 时 |

目   mù zì páng 目字旁

| 眼 | 眼 | 眼 | 眼 | | 睡 | 睡 | 睡 | 睡 |

延伸 yán shēn Extension

qín qí shū huà   zài Zhōng guó gǔ dài, tán qín, yì qí, shū fǎ, huì huà shì wén rén sāo kè xiū shēn suǒ bì
琴棋书画——在中国古代,弹琴、弈棋、书法、绘画是文人骚客修身所必
xū zhǎng wò de jì néng, gù yòu chēng wén rén sì yǒu   jīn cháng biǎo shì gè rén de wén huà sù yǎng
须掌握的技能,故又称"文人四友"。今常表示个人的文化素养。

Tā mǎile bùshǎo yīfu

14 她买了不少衣服
She has bought quite a few clothes

🔍 生词 shēng cí · Words >>>

dōngxi   *n. thing, stuff*

| 东 | 西 | | | |

píngguǒ   *n. apple*

| 苹 | 果 | | | |

kànjiàn   *v. to see*

| 看 | 见 | | | |

xiānsheng   *n. Mr., sir*

| 先 | 生 | | | |

kāi   *v. to drive*

| 开 | | 开 | | |

chē   *n. car, vehicle*

| 车 | | 车 | | |

huílai   *v. to come back*

| 回 | 来 | | | |

fēnzhōng   *n. minute*

| 分 | 钟 | | | |

hòu   *n. after, afterwards, later*

| 后 | | 后 | | |

yīfu   *n. clothes*

| 衣 | 服 | | | |

piàoliang   *adj. beautiful, pretty*

| 漂 | 亮 | | | |

shǎo   *adj. little, few*

| 少 | | 少 | | |

zhèxiē   *pron. these*

| 这 | 些 | | | |

dōu   *adv. both, all*

| 都 | | 都 | | |

yìdiǎnr   *num.-m. a few, a little*

| 一 | 点 | 儿 | | |

| | | | | |

✏️ **独体字** dú tǐ zì · Single-Component Characters >>>

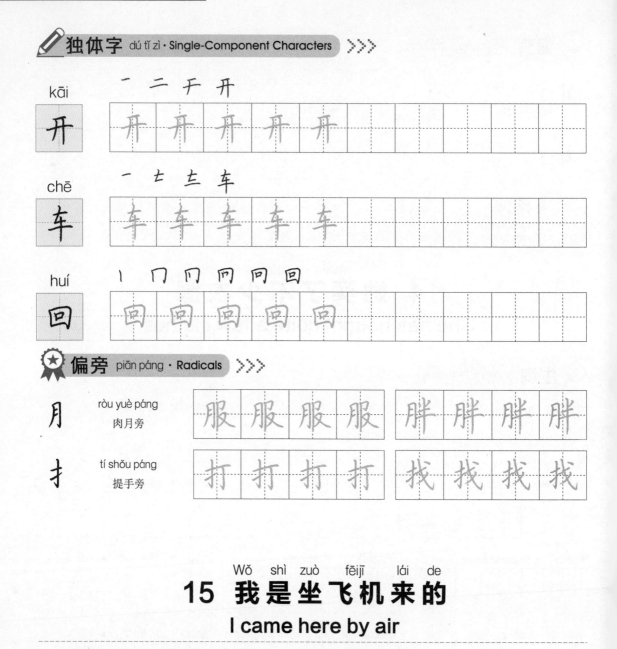

kāi

一 二 干 开

开

chē

一 ㄊ 左 车

车

huí

丿 冂 冂 囗 回 回

回

🎖️ **偏旁** piān páng · Radicals >>>

月   ròu yuè páng   肉月旁

服 服 服 服   胖 胖 胖 胖

扌   tí shǒu páng   提手旁

打 打 打 打   找 找 找 找

Wǒ shì zuò fēijī lái de

15 我是坐飞机来的

I came here by air

🔍 **生词** shēng cí · Words >>>

rènshi *v. to meet, to know*

认 识

nián *n. year*

年   年

dàxué *n. college, university*

大 学

fàndiàn *n. hotel, restaurant*

饭 店

gāoxìng *adj. glad, happy*

高 兴

tīng *v. to listen*

听   听

fēijī   *n. airplane*

出

chūzūchē   *n. taxi, cab*

✏️ 独体字 dú tǐ zì · Single-Component Characters >>>

nián

年

丿 匕 ⼗ 仁 年 年

chū

出

凵 凵 屮 出 出

fēi

飞

乁 飞 飞

🎖️ 偏旁 piān páng · Radicals >>>

艹   cǎo zì tóu
     草字头

茶 茶 茶 茶   菜 菜 菜 菜

宀   bǎo gài tóu
     宝盖头

安 安 安 安   家 家 家 家

HSK 2

Jiǔ yuè qù Běijīng lǚyóu zuì hǎo

1 九月去北京旅游最好

September is the best time to visit Beijing

🔍 生词 shēng cí · Words >>>

lǚyóu   *v. to travel, to take a trip*

旅 游

juéde   *v. to think, to feel*

觉 得

zuì   *adv. to the greatest extent*

最 最

23

yě   *adv. also, too*

yùndòng   *n./v. sport; to work out*

yìqǐ   *adv. together*

yào   *aux. to want to*

xīn   *adj. new*

tā   *pron. it*

wèi shénme   *why*

tī zúqiú   *to play football*

yǎnjing   *n. eye*

笔画 bǐ huà · Strokes >>>

| héngzhétí 横折提 Horizontal-Turning-Rising |
| héngzhézhézhégōu 横折折折钩 Horizontal-Triple-Turning-Hook |

独体字 dú tǐ zì · Single-Component Characters >>>

wéi/wèi

为

yě

也

偏旁 piān páng · Radicals >>>

王

wáng zì páng
王字旁

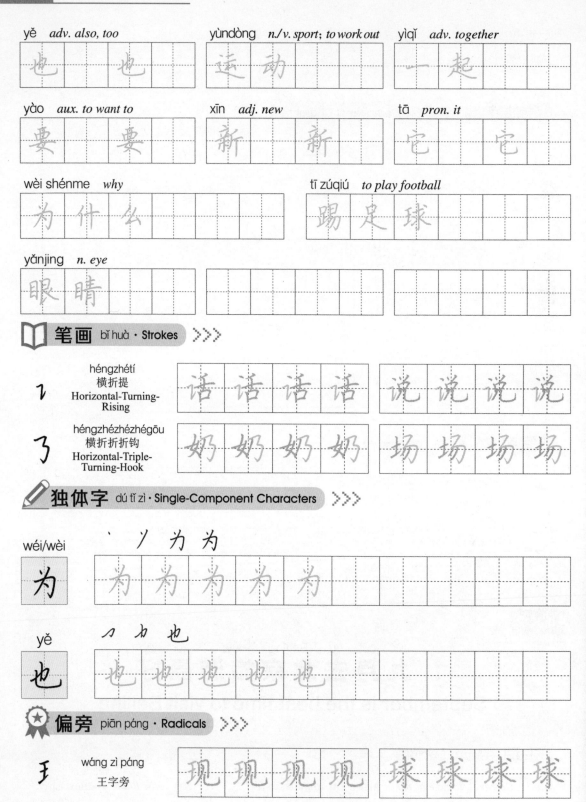

| 足 | zú zì páng
足字旁 | 跑 | 跑 | 跑 | 跑 | 踢 | 踢 | 踢 | 踢 |

延伸
yán shēn
Extension

Zhōng guó rén de xìng míng tōng cháng xìng zài qián míng zài hòu Zhōng guó zì gǔ yǐ lái duì rén de qǔ míng fēi cháng
中国人的姓名通常姓在前，名在后。中国自古以来对人的取名非常
zhòng shì zài Kǒng zǐ zhèng míng sī xiǎng de yǐng xiǎng xià rén men bǎ wèi hòu dài qǔ míng kàn de fēi cháng shén shèng
重视。在孔子"正名"思想的影响下，人们把为后代取名看得非常神圣。

Wǒ měi tiān liù diǎn qǐ chuáng
2 我每天六点起床
I get up at six every day

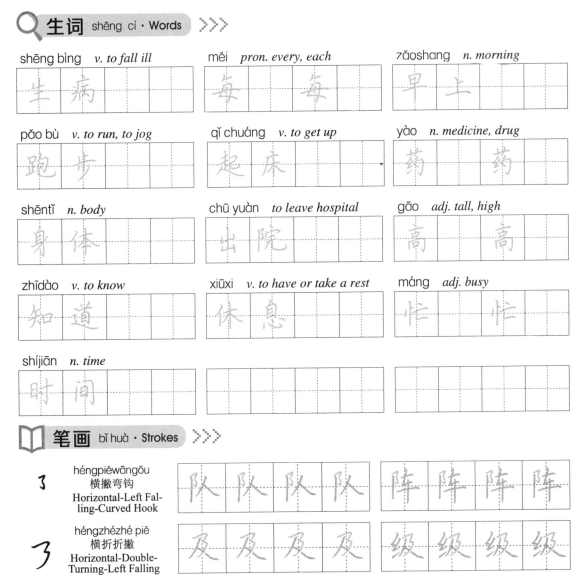

🔍 生词 shēng cí · Words ⟩⟩⟩

shēng bìng *v. to fall ill*

| 生 | 病 | | |

měi *pron. every, each*

| 每 | | 每 | |

zǎoshang *n. morning*

| 早 | 上 | | |

pǎo bù *v. to run, to jog*

| 跑 | 步 | | |

qǐ chuáng *v. to get up*

| 起 | 床 | | |

yào *n. medicine, drug*

| 药 | | 药 | |

shēntǐ *n. body*

| 身 | 体 | | |

chū yuàn *to leave hospital*

| 出 | 院 | | |

gāo *adj. tall, high*

| 高 | | 高 | |

zhīdào *v. to know*

| 知 | 道 | | |

xiūxi *v. to have or take a rest*

| 休 | 息 | | |

máng *adj. busy*

| 忙 | | 忙 | |

shíjiān *n. time*

| 时 | 间 | | |

| | | | |

| | | | |

📖 笔画 bǐ huà · Strokes ⟩⟩⟩

| 乛 | héngpiěwāngōu
横撇弯钩
Horizontal-Left Fal-
ling-Curved Hook | 队 | 队 | 队 | 队 | 阵 | 阵 | 阵 | 阵 |
| 𠃋 | héngzhézhé piě
横折折撇
Horizontal-Double-
Turning-Left Falling | 及 | 及 | 及 | 及 | 级 | 级 | 级 | 级 |

✏️ **独体字** *dú tǐ zì · Single-Component Characters* >>>

sheng

生

`丿 ⺊ ⺧ 牛 生`

生	生	生	生	生								

gāo

高

`丶 一 广 六 古 亣 高 高 高 高`

高	高	高	高	高								

⭐ **偏旁** *piān páng · Radicals* >>>

⺮ | zhú zì tóu 竹字头

篮	篮	篮	篮		笔	笔	笔	笔

欠 | qiàn zì páng 欠字旁

歌	歌	歌	歌		吹	吹	吹	吹

Zuǒbian   nàge   hóngsè   de   shì   wǒ   de

3 左边那个红色的是我的

The red one on the left is mine

🔍 **生词** *shēng cí · Words* >>>

shǒubiǎo   *n. watch*

手	表		

qiān   *num. thousand*

千		千	

bàozhǐ   *n. newspaper*

报	纸		

sòng   *v. to send, to deliver*

送		送	

yíxià   *num.-m. used after a verb*

一	下		

niúnǎi   *n. milk*

牛	奶		

fángjiān   *n. room*

房	间		

zhàngfu   *n. husband*

丈	夫		

pángbiān   *n. beside*

旁	边		

zhēn *adv. really, indeed*	yánsè *n. color*	zuǒbian *n. left side*
真　真	颜 色	左 边

hóngsè　*n. red*

红 色

📖 笔画 bǐ huà · Strokes　>>>

乙	héngzhéxiégōu 横折斜钩 Horizontal-Tur- ning-Slanting Hook	飞 飞 飞 飞　风 风 风 风
亅	wāngōu 弯钩 Crooked Hook	狗 狗 狗 狗　猫 猫 猫 猫

✏️ 独体字 dú tǐ zì · Single-Component Characters　>>>

shǒu 手	ノ 二 三 手
	手 手 手 手 手

zhàng 丈	一 ナ 丈
	丈 丈 丈 丈 丈

fū 夫	一 二 尹 夫
	夫 夫 夫 夫 夫

🎖️ 偏旁 piān páng · Radicals　>>>

木	mù zì páng 木字旁	杯 杯 杯 杯　椅 椅 椅 椅
刂	lì dāo páng 立刀旁	别 别 别 别　到 到 到 到

Zhège gōngzuò shì tā bāng wǒ jièshào de

4 这个工作是他帮我介绍的

He recommended me for this job

🔍 **生词** shēng cí · Words >>>

shēngrì　*n. birthday*

生日

kuàilè　*adj. happy, glad*

快乐

gěi　*prep.（used after a verb）to, for*

给　　给

wǎnshang　*n. evening, night*

晚上

wèn　*v. to ask*

问　　问

fēicháng　*adv. very, extremely*

非常

kāishǐ　*v. to begin, to start*

开始

yǐjīng　*adv. already*

已经

cháng　*adj. long*

长　　长

liǎng　*num. two*

两　　两

bāng　*v. to help, to assist*

帮　　帮

jièshào　*v. to introduce*

介绍

📖 **笔画** bǐ huà · Strokes >>>

丶　shùtí　竖提　Vertical-Rising
　长　长　长　长　　民　民　民　民

乚　shùzhézhégōu　竖折折钩　Vertical-Double-Turning-Hook
　马　马　马　马　　写　写　写　写

✏️ **独体字** dú tǐ zì · Single-Component Characters >>>

liǎng　一　丆　万　丙　两　两

两　两　两　两　两　两

yuè/lè　丿　丆　斤　乐　乐

乐　乐　乐　乐　乐　乐

28

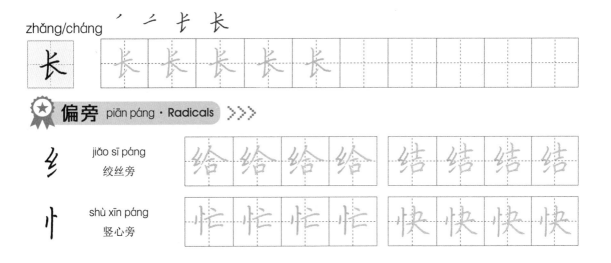

zhǎng/cháng ` ــ ⻑ 长

长

⭐ **偏旁** piān páng · Radicals >>>

纟 jiǎo sī páng 绞丝旁

给 给 给 给 | 结 结 结 结

忄 shù xīn páng 竖心旁

忙 忙 忙 忙 | 快 快 快 快

Jiù mǎi zhè jiàn ba
5 就买这件吧
Take this one

🔍 **生词** shēng cí · Words >>>

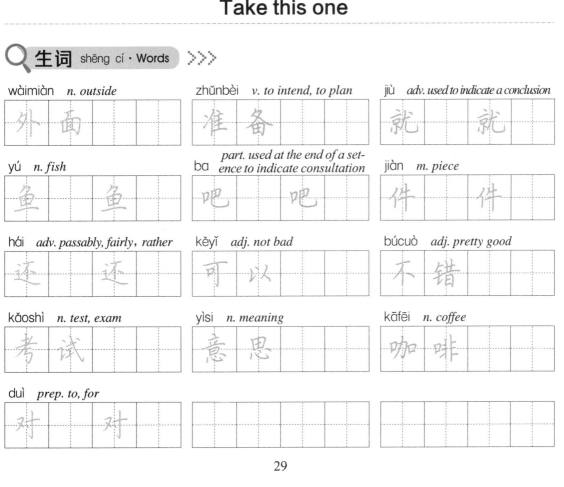

wàimiàn *n. outside*

外 面

zhǔnbèi *v. to intend, to plan*

准 备

jiù *adv. used to indicate a conclusion*

就　就

yú *n. fish*

鱼　鱼

ba *part. used at the end of a sentence to indicate consultation*

吧　吧

jiàn *m. piece*

件　件

hái *adv. passably, fairly, rather*

还　还

kěyǐ *adj. not bad*

可 以

búcuò *adj. pretty good*

不 错

kǎoshì *n. test, exam*

考 试

yìsi *n. meaning*

意 思

kāfēi *n. coffee*

咖 啡

duì *prep. to, for*

对　对

✏️ 独体字 dú tǐ zì · Single-Component Characters ▶▶▶

yú

鱼   ⺊ ⺈ ⺈ 刍 刍 角 鱼 鱼

衣   丶 一 广 オ 衣 衣
yī

🎖️ 偏旁 piān páng · Radicals ▶▶▶

孑   zǐ zì páng
      子字旁   孩 孩 孩 孩   孙 孙 孙 孙

广   guǎng zì tóu
      广字头   店 店 店 店   床 床 床 床

📚 延伸 yán shēn Extension

gāo shān liú shuǐ   chuán shuō qín shī Bó yá zài huāng yě tán qín   qiáo fū Zhōng Zǐ qī jìng néng lǐng huì qǔ zhōng
高山流水——传说琴师伯牙在荒野弹琴,樵夫钟子期竟能领会曲中
miáo huì de gāo shān liú shuǐ   Zhōng Zǐ qī sǐ hòu   Bó yá tòng shī zhī yīn   shuāi qín jué xián zhōngshēng bù tán   cháng
描绘的高山流水。钟子期死后,伯牙痛失知音,摔琴绝弦,终生不弹。常
yòng lái bǐ yù zhī jǐ
用来比喻知己。

Nǐ   zěnme bù chī le
6 你怎么不吃了
Why don't you eat more

🔍 生词 shēng cí · Words ▶▶▶

mén   *n. door, gate*

门

wài   *n. outer, outside*

外

yángròu   *n. mutton*

羊 肉

hǎochī   *adj. delicious, yummy*

好 吃

miàntiáo   *n. noodles*

面 条

yīnwèi   *conj. because, since*

因 为

suǒyǐ   *conj. so, therefore*

所 以

yóu yǒng   *v. to swim*

游 泳

jiějie   *n. elder sister*

姐 姐

dǎ lánqiú *to play basketball*

打 篮 球

✏ 独体字 dú tǐ zì · Single-Component Characters >>>

mén

门

丶 冫 门

门 门 门 门 门

yáng

羊

丶 丷 丷 兰 兰 羊

羊 羊 羊 羊 羊

⭐ 偏旁 piān páng · Radicals >>>

犭

fǎn quǎn páng
反犬旁

猫 猫 猫 猫   狗 狗 狗 狗

心

xīn zì dǐ
心字底

想 想 想 想   念 念 念 念

Nǐ jiā lí gōngsī yuǎn ma

7 你家离公司远吗

Do you live far from your company

🔍 生词 shēng cí · Words >>>

jiàoshì *n. classroom*

教 室

jīchǎng *n. airport*

机 场

lù *n. road, path, way*

路 路

lí *v. to be away from*

离 离

gōngsī *n. company, firm*

公 司

yuǎn *adj. far, distant*

远 远

xiǎoshí *n. hour*

小 时

màn *adj. slow*

慢 慢

kuài *adj. quick, fast*

快 快

31

zǒu   *v. to walk*

到 dào   *v. to arrive, to reach*

gōnggòng qìchē   *bus*

公 共 汽 车

偏旁 piān páng · Radicals ▶▶▶

彳 shuāng rén páng
双人旁

行 行 行 行   往 往 往 往

攵 fǎn wén páng
反文旁

放 放 放 放   收 收 收 收

延伸 yán shēn Extension

Sān zì jīng   shì Zhōng guó chuántǒng qǐ méng jiào cái   Sān zì jīng   qǔ cái diǎn fàn   gé shì shàng sān
《三字经》——是中国传统启蒙教材。《三字经》取材典范，格式上三
zì yí jù lǎng lǎng shàng kǒu   yǔ   Bǎi jiā xìng   Qiān zì wén   bìng chēng wéi Zhōng guó chuántǒng méng xué sān dà dú wù
字一句朗朗上口，与《百家姓》《千字文》并称为中国传统蒙学三大读物。

Ràng wǒ xiǎngxiang zài   gàosu   nǐ
8 让我想想再告诉你
Let me think about it and I'll tell you later

生词 shēng cí · Words ▶▶▶

zài   *adv. again, once more*

再 再

ràng   *v. to let, to allow*

让 让

gàosù   *v. to tell*

告 诉

děng   *v. to wait, to await*

等 等

zhǎo   *v. to look for*

找 找

shìqing   *n. thing, matter, affair*

事 情

bái   *adj. white*

白 白

hēi   *adj. black*

黑 黑

guì   *adj. expensive*

贵 贵

fúwùyuán   *n. attendant, waiter/waitress*

服 务 员

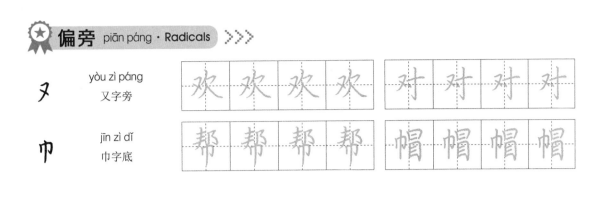

又	yòu zì páng 又字旁	欢 欢 欢 欢　对 对 对 对
巾	jīn zì dǐ 巾字底	帮 帮 帮 帮　帽 帽 帽 帽

Tí tài duō, wǒ méi zuòwán

9 题太多，我没做完

There were too many questions;
I didn't finish all of them

🔍 **生词** shēng cí · Words >>>

cuò *adj. wrong, incorrect*

错　　错

cóng *prep. from*

从　　从

tiào wǔ *v. to dance*

跳　舞

dì yī *num. first*

第　一

xīwàng *v. to hope, to wish*

希　望

wèntí *n. question, problem*

问　题

shàng bān *v. to work, to do a job*

上　班

dǒng *v. to understand, to know*

懂　　懂

wán *v. to finish, to end*

完　　完

tí *n. question, problem*

题　　题

📖 **偏旁** piān páng Radicals >>>

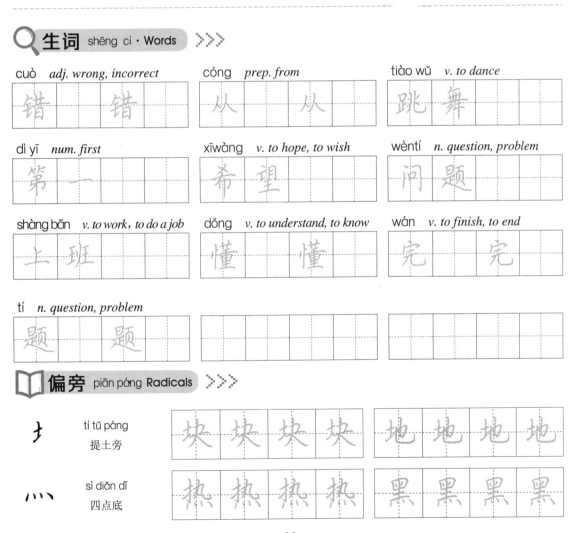

扌	tí tǔ páng 提土旁	块 块 块 块　地 地 地 地
灬	sì diǎn dǐ 四点底	热 热 热 热　黑 黑 黑 黑

Bié zhǎo le, shǒujī zài zhuōzi shang ne
10 别找了，手机在桌子上呢
Stop looking for your cell phone; it's on the desk

🔍 **生词** shēng cí · Words >>>

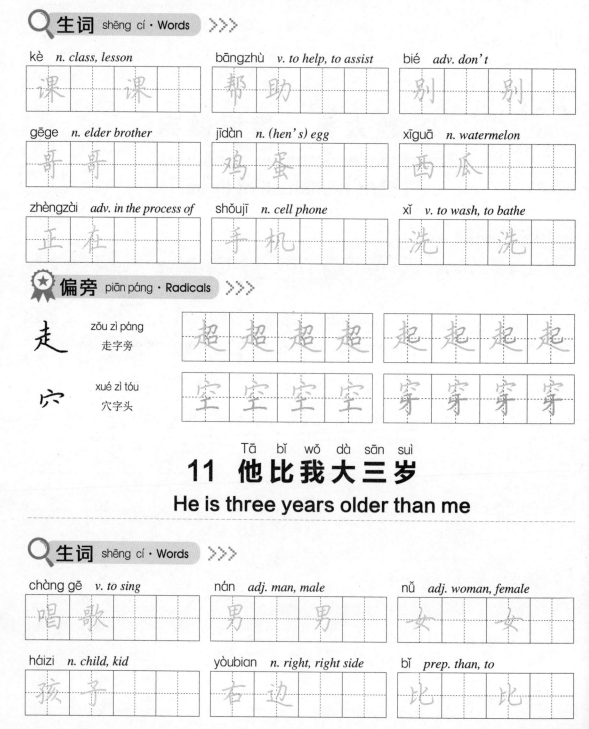

kè *n. class, lesson*

课　　课

bāngzhù *v. to help, to assist*

帮　助

bié *adv. don't*

别　　别

gēge *n. elder brother*

哥　哥

jīdàn *n. (hen's) egg*

鸡　蛋

xīguā *n. watermelon*

西　瓜

zhèngzài *adv. in the process of*

正　在

shǒujī *n. cell phone*

手　机

xǐ *v. to wash, to bathe*

洗　　洗

🎖️ **偏旁** piān páng · Radicals >>>

走　zǒu zì páng　走字旁　　超 超 超 超　起 起 起 起

穴　xué zì tóu　穴字头　　空 空 空 空　穿 穿 穿 穿

Tā bǐ wǒ dà sān suì
11 他比我大三岁
He is three years older than me

🔍 **生词** shēng cí · Words >>>

chàng gē *v. to sing*

唱　歌

nán *adj. man, male*

男　　男

nǚ *adj. woman, female*

女　　女

háizi *n. child, kid*

孩　子

yòubian *n. right, right side*

右　边

bǐ *prep. than, to*

比　　比

piányi *adj. cheap, inexpensive*	shuō huà *v. to speak, to say*	kěnéng *aux. maybe, perhaps*
便 宜	说 话	可 能

qùnián *n. last year*	xìng *v. family name, surname*	
去 年	姓　 姓	

⭐ 偏旁 piān páng · Radicals >>>

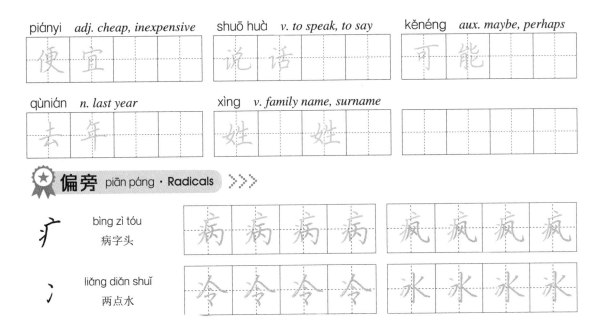

疒　bìng zì tóu　病字头　病 病 病 病　疯 疯 疯 疯

冫　liǎng diǎn shuǐ　两点水　冷 冷 冷 冷　冰 冰 冰 冰

Nǐ chuān de tài shǎo le

12　你穿得太少了

You wear too little

🔍 生词 shēng cí · Words >>>

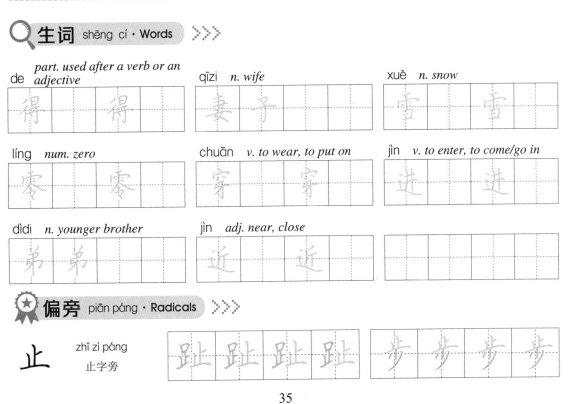

de *part. used after a verb or an adjective*	qīzi *n. wife*	xuě *n. snow*
得　 得	妻 子	雪　 雪

líng *num. zero*	chuān *v. to wear, to put on*	jìn *v. to enter, to come/go in*
零　 零	穿　 穿	进　 进

dìdi *n. younger brother*	jìn *adj. near, close*	
弟 弟	近　 近	

⭐ 偏旁 piān páng · Radicals >>>

止　zhǐ zì páng　止字旁　趾 趾 趾 趾　步 步 步 步

冂　tóng zì tóu
同字头

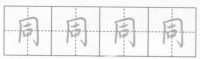

13 门开着呢
Mén kāi zhe ne

The door is open

🔍 **生词** shēng cí · Words >>>

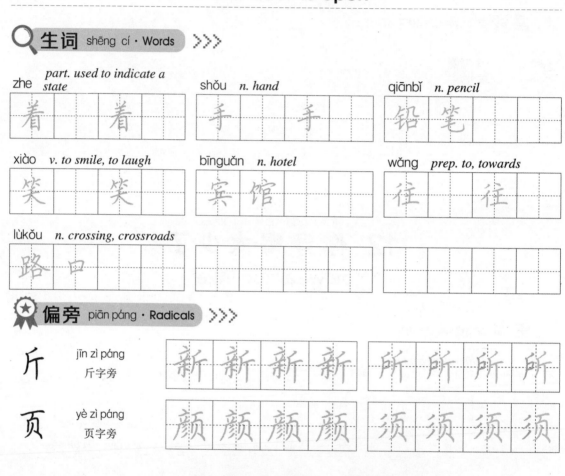

zhe　*part. used to indicate a state*

着　着

shǒu　*n. hand*

手　手

qiānbǐ　*n. pencil*

铅笔

xiào　*v. to smile, to laugh*

笑　笑

bīnguǎn　*n. hotel*

宾馆

wǎng　*prep. to, towards*

往　往

lùkǒu　*n. crossing, crossroads*

路口

⭐ **偏旁** piān páng · Radicals >>>

斤　jīn zì páng
斤字旁

新 新 新 新　所 所 所 所

页　yè zì páng
页字旁

颜 颜 颜 颜　须 须 须 须

14 你看过那个电影吗
Nǐ kànguo nàge diànyǐng ma

Have you seen that movie

🔍 **生词** shēng cí · Words >>>

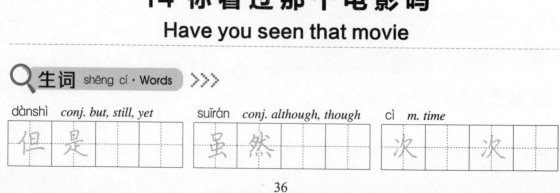

dànshì　*conj. but, still, yet*

但是

suīrán　*conj. although, though*

虽然

cì　*m. time*

次　次

wánr *v. to play, to have fun*	qíng *adj. sunny, fine, clear*	bǎi *num. hundred*

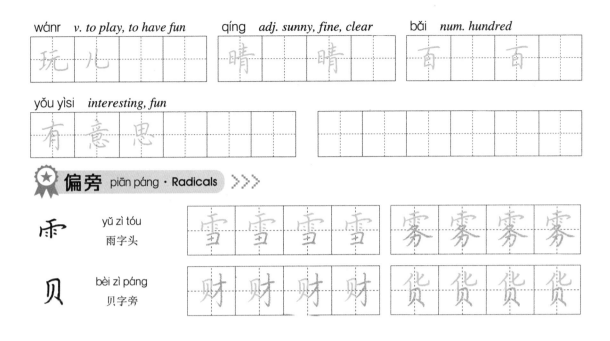

yǒu yìsi *interesting, fun*

★ 偏旁 piān páng · Radicals >>>

雨	yǔ zì tóu 雨字头
贝	bèi zì páng 贝字旁

Xīnnián jiù yào dào le

15 新年就要到了

The New Year is coming

★ 生词 shēng cí · Words >>>

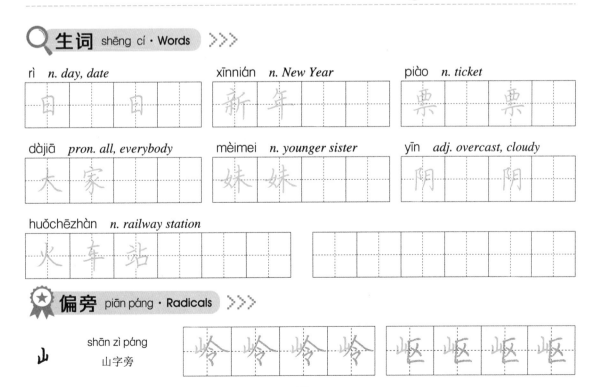

rì *n. day, date*

xīnnián *n. New Year*

piào *n. ticket*

dàjiā *pron. all, everybody*

mèimei *n. younger sister*

yīn *adj. overcast, cloudy*

huǒchēzhàn *n. railway station*

★ 偏旁 piān páng · Radicals >>>

山	shān zì páng 山字旁

大   dà zì páng
      大字旁

| 天 | 天 | 天 | 天 | | 夫 | 夫 | 夫 | 夫 |

HSK 3

Zhōumò nǐ yǒu shénme dǎsuàn
1 周末你有什么打算
What's your plan for the weekend

🔍 **生词** shēng cí · Words >>>

zhōumò *n. weekend*

| 周 | 末 | | |

dǎsuàn *n./v. plan; to intend*

| 打 | 算 | | |

a *part. used at the and of a sentence*

| 啊 | | 啊 | |

gēn *prep. with*

| 跟 | | 跟 | |

yìzhí *adv. all the time*

| 一 | 直 | | |

yóuxì *n. game*

| 游 | 戏 | | |

zuòyè *n. homework*

| 作 | 业 | | |

zháojí *adj. worried, anxious*

| 着 | 急 | | |

fùxí *v. to review*

| 复 | 习 | | |

nán *n. south, southern part*

| 南 | | 南 | |

běifāng *n. north, northern part*

| 北 | 方 | | |

miànbāo *n. bread*

| 面 | 包 | | |

dài *v. to take along, to bring*

| 带 | | 带 | |

dìtú *n. map*

| 地 | 图 | | |

bān *v. to move, to carry*

| 搬 | | 搬 | |

📖 **注释** zhù shì · Notes >>>

1. 结果补语 "好"

今晚的电影小刚已经买好票了。

2. "一……也/都+不/没……" 表示否定

我一点儿东西也不想吃。

3. 连词"那"

A:我不想去看电影。

B:那我也不去了。

bú dào Chángchéng fēi hǎo hàn
不到长城非好汉。 He who has never been to the Great Wall is not a true man.

不到长城非好汉。

Tā shénme shíhou huílai
2 他什么时候回来
When will he come back

🔍 **生词** shēng cí · Words >>>

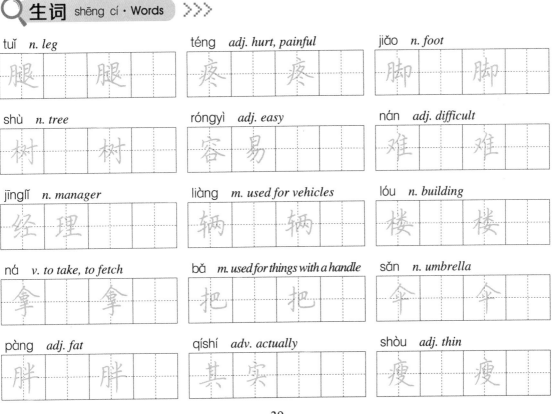

tuǐ *n. leg*
腿　　腿

téng *adj. hurt, painful*
疼　　疼

jiǎo *n. foot*
脚　　脚

shù *n. tree*
树　　树

róngyì *adj. easy*
容易

nán *adj. difficult*
难　　难

jīnglǐ *n. manager*
经理

liàng *m. used for vehicles*
辆　　辆

lóu *n. building*
楼　　楼

ná *v. to take, to fetch*
拿　　拿

bǎ *m. used for things with a handle*
把　　把

sǎn *n. umbrella*
伞　　伞

pàng *adj. fat*
胖　　胖

qíshí *adv. actually*
其实

shòu *adj. thin*
瘦　　瘦

bàngōngshì *n. office*

办公室

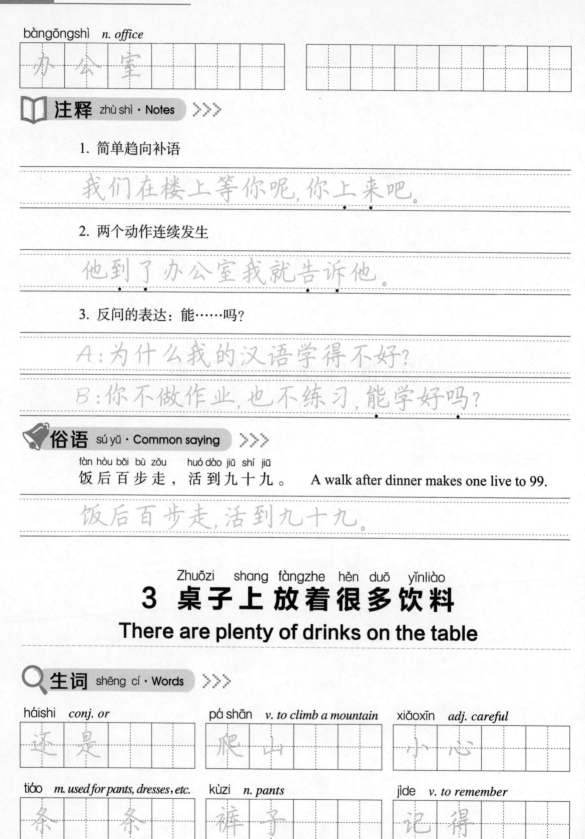

📖 **注释** zhù shì · Notes >>>

1. 简单趋向补语

我们在楼上等你呢，你上来吧。

2. 两个动作连续发生

他到了办公室我就告诉他。

3. 反问的表达：能……吗？

A:为什么我的汉语学得不好？

B:你不做作业，也不练习，能学好吗？

🔔 **俗语** sú yǔ · Common saying >>>

fàn hòu bǎi bù zǒu　　huó dào jiǔ shí jiǔ
饭后百步走，活到九十九。　　A walk after dinner makes one live to 99.

饭后百步走，活到九十九。

Zhuōzi　shang　fàngzhe　hěn　duō　yǐnliào
3 桌子上放着很多饮料
There are plenty of drinks on the table

🔍 **生词** shēng cí · Words >>>

háishi *conj. or*

还是

pá shān *v. to climb a mountain*

爬山

xiǎoxīn *adj. careful*

小心

tiáo *m. used for pants, dresses, etc.*

条　　条

kùzi *n. pants*

裤子

jìde *v. to remember*

记得

chènshān	n. shirt					yuán	m. unit of money					xīnxiān	adj. fresh				
衬	衫					元		元				新	鲜				

tián	adj. sweet					zhǐ	adv. only, solely					fàng	v. to put, to place				
甜		甜				只		只				放		放			

yǐnliào	n. drink, beverage					huòzhě	conj. or					shūfu	adj. comfortable				
饮	料					或	者					舒	服				

huā	n. flower					lǜ	adj. green				
花		花				绿		绿			

📖 **注释** zhù shì · Notes >>>

1. "还是" 和 "或者"

(1) 你要喝咖啡还是喝茶?

(2) 今天晚上吃米饭或者面条都可以。

2. 存在的表达：Location Word+V 着+Numeral+Measure Word+N

桌子上放着一杯咖啡。

3. "会" 表示可能

你穿得那么少,会感冒的。

🔔 **俗语** sú yǔ · Common saying >>>

chá hǎo kè cháng lái
茶 好 客 常 来 。   Good tea attracts frequenters.

茶好客常来。

延伸
yán shēn
Extension

sì dà fā míng   zào zhǐ shù   zhǐ nán zhēn   huǒ yào jí   yin shuā shù   shì Zhōng guó gǔ dài duì shì jiè jù yǒu
四大发明——造纸术、指南针、火药及印刷术,是中国古代对世界具有
hěn dà yǐng xiǎng de   sì zhǒng fā míng   shì Zhōng guó gǔ dài láo dòng rén mín de zhòng yào chuàng zào
很大影响的四种发明,是中国古代劳动人民的重要创造。

Tā zǒngshì xiàozhe gēn kèrén shuōhuà
4 她总是笑着跟客人说话
She always smiles when talking to customers

🔍 **生词** shēng cí · Words >>>

bǐsài   *n. match, competition*

比	赛				

zhàopiàn   *n. photo*

照	片				

niánjí   *n. grade*

年	级				

yòu   *adv. and*

又		又			

cōngming   *adj. clever, smart*

聪	明				

rèqíng   *adj. warm, enthusiastic*

热	情				

nǔlì   *adj. hard-working*

努	力				

zǒngshì   *adv. always*

总	是				

huídá   *v. to answer*

回	答				

zhàn   *v. to stand*

站		站			

è   *adj. hungry*

饿		饿			

chāoshì   *n. supermarket*

超	市				

dàngāo   *n. cake*

蛋	糕				

niánqīng   *adj. young*

年	轻				

rènzhēn   *adj. serious, earnest*

认	真				

kèrén   *n. customer, guest*

客	人				

📖 **注释** zhù shì · Notes >>>

1. 又……又……

这个西瓜又大又甜。

2. 动作的伴随：V$_1$ 着（O$_1$）+V$_2$ (O2)

弟弟吃着苹果写作业。

周先生和周太太坐着看电视。

wǔ shí bù xiào bǎi bù
五十步笑百步。   The one who retreated 50 steps laughs at the one who retreated 100.

五十步笑百步。

Wǒ   zuìjìn   yuè   lái   yuè pàng   le
5 我最近越来越胖了
I am getting fatter and fatter lately

生词 shēng cí · Words >>>

fā shāo   *v. to have a fever*

发 烧

wèi   *prep. for*

为 为

zhàogù   *v. to take care of*

照 顾

yòng   *v. to need*

用 用

gǎnmào   *v. to catch a cold*

感 冒

jìjié   *n. season*

季 节

dāngrán   *adv. of course*

当 然

chūn   *n. spring*

春 春

cǎo   *n. grass*

草 草

xià   *n. summer*

夏 夏

qúnzi   *n. dress, skirt*

裙 子

zuìjìn   *adv. lately, recently*

最 近

yuè   *adv. to a greater degree*

越 越

注释 zhù shì · Notes >>>

越来越+Adj/Mental V

我认识的汉字越来越多。

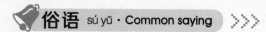

俗语 sú yǔ · Common saying >>>

yào dào bìng chú
药到病除。   The minute the medicine is used, the disease is cured.

药到病除。

Zěnme tūrán zhǎo bu dào le
6 怎么突然找不到了
Why are they suddenly missing

生词 shēng cí · Words >>>

tūrán *adv. suddenly*

突 然

lí kāi *v. to leave, to part with*

离 开

qīngchu *adj. clear, distinct*

清 楚

gāngcái *n. just now*

刚 才

bāng máng *v. to help*

帮 忙

tèbié *adv. extraordinarily*

特 别

jiǎng *v. to explain*

讲   讲

míngbai *adj. clear*

明 白

duànliàn *v. to do physical exercise*

锻 炼

yīnyuè *n. music*

音 乐

gōngyuán *n. park*

公 园

liáo tiān *v. to chat*

聊 天

gèng *adv. more, even more*

更   更

注释 zhù shì · Notes >>>

1. "呢" 询问处所："N+呢"

A:你的书呢？放在哪儿了？

B:就在桌子上啊。

wàn shì kāi tóu nán
万 事 开 头 难 。　　The first step is always the hardest.

万事开头难。

Wǒ gēn tā dōu rènshi wǔ nián le

7 我跟她都认识五年了

I've known her for five years

生词 shēng cí · Words >>>

tóngshì　n. colleague	yǐqián　n. before, ago	yínháng　n. bank
同 事	以 前	银 行

jiǔ　adj. for a long time, long	jié hūn　v. to marry, to get married	huānyíng　v. to welcome
久　　久	结 婚	欢 迎

chídào　v. to be late	bàn　num. half	jiē　v. to meet (sb.), to pick up (sb.)
迟 到	半　　半	接　　接

kè　m. quarter	chà　v. to fall short of	
刻　　刻	差　　差	

gǎn xìngqù　to be interested in		
感 兴 趣		

注释 zhù shì · Notes >>>

1. 时段的表达

(1)她工作了三年。

45

（2）我学习了一年汉语了。

2. 表达兴趣

（1）他们对电影感兴趣。

（2）我儿子对打篮球不感兴趣。

3. 用"半""刻""差"表示时间

（1）一点半

（2）十二点一刻

（3）差五分十二点

俗语 sú yǔ · Common saying ＞＞＞

yí bù zǒu cuò bù bù cuò
一步走错步步错。 One wrong move makes all moves wrong.

一步走错步步错。

Nǐ qù nǎr wǒ jiù qù nǎr
8 你去哪儿我就去哪儿
I'll go wherever you go

🔍 生词 shēng cí · Words ＞＞＞

yòu adv. again	mǎnyì v. to be satisfied	diàntī n. elevator
又　又	满　意	电　梯

céng m. used for floors	hài pà v. to be afraid	xióngmāo n. panda
层　层	害　怕	熊　猫

jiàn miàn v. to meet	ānjìng adj. quiet	mǎshàng adv. immediately
见　面	安　静	马　上

lǎo _adj. old_		jīhū _adv. almost_		biànhuà _v. to change_	
老	老	几 乎		变 化	

jiànkāng _adj. healthy_		zhòngyào _adj. important_	
健 康		重 要	

yíhuìr _n. a moment_		xǐshǒujiān _n. bathroom, restroom_	
一 会 儿		洗 手 间	

📖 注释 zhù shì · Notes >>>

1. "又" 和 "再"

(1)上个星期我买了一条裤子,昨天又买了一条。

(2)你只吃了一点儿饭,再吃一点儿吧。

2. 疑问代词活用 1

什么东西便宜我就买什么。

🔔 俗语 sú yǔ · Common saying >>>

zhàn de gāo　　kàn de yuǎn
站 得 高 , 看 得 远 。　　The higher you stand, the farther you'll see.

站得高,看得远。

Tā de Hànyǔ shuō de gēn Zhōngguórén yíyàng hǎo
9 她的汉语说得跟中国人一样好
She speaks Chinese like a native

🔍 生词 shēng cí · Words >>>

Zhōngwén _n. Chinese language_		bān _n. class_		yíyàng _adj. same, as...as..._	
中 文		班	班	一 样	

47

zuìhòu *n. the last one*	fàng xīn *v. to ease one's mind*	yídìng *adv. definitely*
最 后	放 心	一 定

dān xīn *v. to worry*	bǐjiào *adv. fairly, rather*	liǎojiě *v. to know*
担 心	比 较	了 解

xiān *adv. first, in advance*	zhōngjiān *n. middle*	cānjiā *v. to participate*
先 先	中 间	参 加

yǐngxiǎng *n. influence*		
影 响		

📖 **注释** zhù shì · Notes >>>

比较句 1：A 跟 B 一样（+Adj）

这本书跟那本书一样。

🔔 **俗语** sú yǔ · Common saying >>>

sānrénxíng   bì yǒuwǒ shī
三人行，必有我师。

When I walk with two others, there must be one whom I can learn from.

三人行，必有我师。

Shùxué   bǐ   lìshǐ   nánduō   le
10 数学比历史难多了
Maths is much harder than history

🔍 **生词** shēng cí · Words >>>

gèzi *n. height, stature*	ǎi *adj. short*	lìshǐ *n. history*
个 子	矮 矮	历 史

tǐyù *n. P.E., sports*	shùxué *n. maths*	fāngbiàn *adj. convenient*
体 育	数 学	方 便

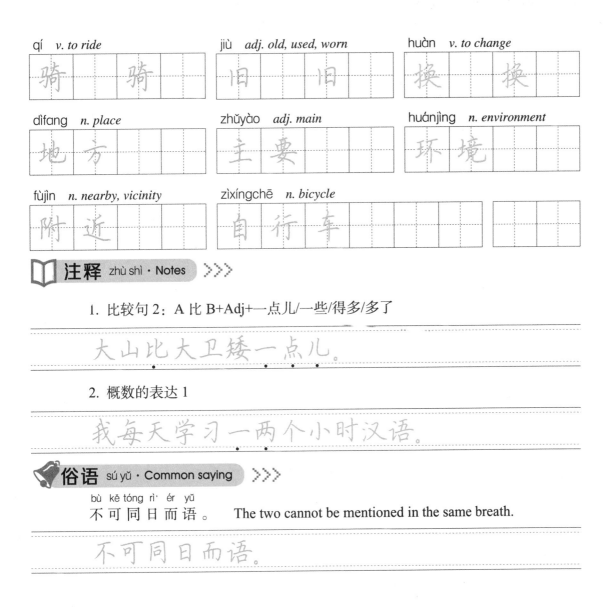

qí *v. to ride*
骑　骑

jiù *adj. old, used, worn*
旧　旧

huàn *v. to change*
换　换

dìfang *n. place*
地方

zhǔyào *adj. main*
主要

huánjìng *n. environment*
环境

fùjìn *n. nearby, vicinity*
附近

zìxíngchē *n. bicycle*
自行车

注释 zhù shì · Notes >>>

1. 比较句2：A 比 B+Adj+一点儿/一些/得多/多了

大山比大卫矮一点儿。

2. 概数的表达1

我每天学习一两个小时汉语。

俗语 sú yǔ · Common saying >>>

bù kě tóng rì ér yǔ
不可同日而语。　The two cannot be mentioned in the same breath.

不可同日而语。

Bié wàngle bǎ kōngtiáo guān le

11 别忘了把空调关了

Don't forget to turn off the air conditioner

生词 shēng cí · Words >>>

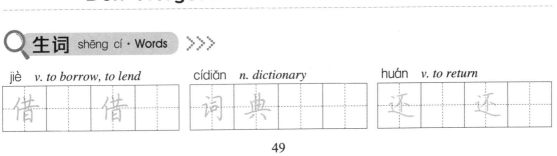

jiè *v. to borrow, to lend*
借　借

cídiǎn *n. dictionary*
词典

huán *v. to return*
还　还

dēng *n. light, lamp*

灯　　　　灯

huìyì *n. meeting, conference*

会议

jiéshù *v. to end, to finish*

结束

wàngjì *v. to forget*

忘记

kōngtiáo *n. air conditioner*

空调

guān *v. to turn off, to close*

关　　　　关

dìtiě *n. subway*

地铁

shuāng *m. pair*

双　　　　双

kuàizi *n. chopsticks*

筷子

píjiǔ *n. beer*

啤酒

kǒu *m. mouthful*

口　　　　口

píngzi *n. bottle*

瓶子

xíguàn *v. to be used to*

习惯

diànzǐ yóujiàn *e-mail*

电子邮件

túshūguǎn *n. library*

图书馆

bǐjìběn *n. notebook, laptop*

笔记本

注释 zhù shì · Notes >>>

1. "把"字句1：A 把 B+V+……

请你把衣服洗了。

2. 概数的表达2：左右

周末我一般十点左右起床。

俗语 sú yǔ · Common saying >>>

guì rén duō wàng shì
贵人多忘事。 Great wits have short memories.

贵人多忘事。

12 把重要的东西放在我这儿吧

Bǎ zhòngyào de dōngxi fàng zài wǒ zhèr ba

Leave the important items with me

生词 shēng cí · Words >>>

tàiyáng *n. sun*

太阳

xī *n. west*

西　　西

shēng qì *v. angry*

生气

zìjǐ *pron. self*

自己

bāo *n. bag, sack*

包　　包

fāxiàn *v. to discover*

发现

hùzhào *n. passport*

护照

qǐfēi *v. (of an aircraft) to take off*

起飞

sījī *n. driver*

司机

jiāo *v. to teach*

教　　教

huà *v./n. to draw; drawing*

画　　画

xūyào *v. to need*

需要

hēibǎn *n. blackboard*

黑板

xínglixiāng *n. luggage, suitcase*

行李箱

注释 zhù shì · Notes >>>

"把" 字句 2：A 把 B+V+在/到/给……

(1) 我把照片放在你的包里了。

(2) 我把鲜花送给老师了。

俗语 sú yǔ · Common saying >>>

xí guànchéng zì rán

习惯成自然。　　Habit is a second nature.

习惯成自然。

51

Wǒ shì zǒu huílai de

13 我是走回来的

I walked back

🔍 生词 shēng cí · Words >>>

zhōngyú *adv. finally*

终 于

yéye *n. grandfather*

爷 爷

lǐwù *n. gift, present*

礼 物

nǎinai *n. grandmother*

奶 奶

yùdào *v. to come across*

遇 到

yìbiān *adv. at the same time*

一 边

guòqù *n. past*

过 去

yìbān *adj. general, usual*

一 般

yuànyì *v. would like to*

愿 意

qǐlai *v. to rise*

起 来

yīnggāi *v. should*

应 该

xiàozhǎng *n. headmaster*

校 长

huài *adj. broken, ruined*

坏 坏

jīngcháng *adv. often*

经 常

📖 注释 zhù shì · Notes >>>

1. 复合趋向补语

(1)老师拿出一本书来。

(2)老师走进教室来。

(3)周太太走进咖啡店去。

2. 一边……一边……

(1)妈妈一边唱歌一边做饭。

(2) 老师边说边笑。

(3) 小丽和老同学边喝咖啡边聊天儿。

俗语 sú yǔ · Common saying >>>

lǐ qīngqíng yì zhòng
礼轻情意重。　Small as it is, the gift conveys deep affection.

礼轻情意重。

Nǐ bǎ shuǐguǒ ná guolai
14 你把水果拿过来
Please bring the fruit here

生词 shēng cí · Words >>>

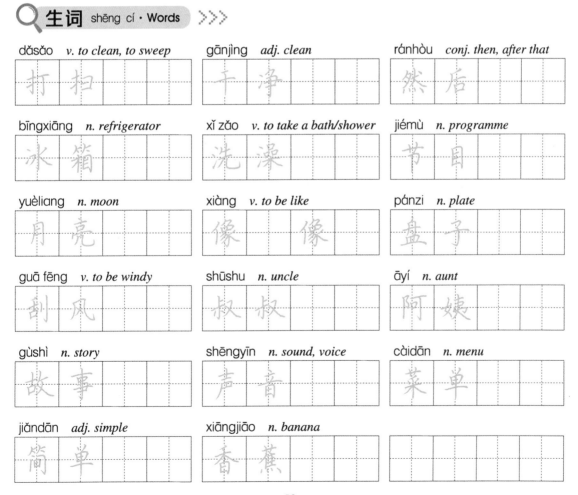

dǎsǎo　v. to clean, to sweep
打扫

gānjìng　adj. clean
干净

ránhòu　conj. then, after that
然后

bīngxiāng　n. refrigerator
冰箱

xǐ zǎo　v. to take a bath/shower
洗澡

jiémù　n. programme
节目

yuèliang　n. moon
月亮

xiàng　v. to be like
像　像

pánzi　n. plate
盘子

guā fēng　v. to be windy
刮风

shūshu　n. uncle
叔叔

āyí　n. aunt
阿姨

gùshì　n. story
故事

shēngyīn　n. sound, voice
声音

càidān　n. menu
菜单

jiǎndān　adj. simple
简单

xiāngjiāo　n. banana
香蕉

53

📖 **注释** zhù shì · Notes ≫≫≫

1. "把"字句3：A 把 B+V+结果补语/趋向补语

我把衣服洗干净了。

2. 先……，再/又……，然后……

我先坐了一个小时公共汽车，又坐了一会
儿地铁才到小刚家。

🔔 **俗语** sú yǔ · Common saying ≫≫≫

xiān dào xiān dé
先到先得。　First come, first served.

先到先得。

15　其他都没什么问题
Qítā　　dōu méi shénme wèntí
The rest of them are all OK

🔍 **生词** shēng cí · Words ≫≫≫

liú xué　*v. to study abroad*

留 学

shuǐpíng　*n. level, standard*

水 平

tí gāo　*v. to improve*

提 高

liànxí　*n. exercise*

练 习

wán chéng　*v. to complete*

完 成

jùzi　*n. sentence*

句 子

qítā　*pron. the rest*

其 他

fā　*v. to send*

发　　发

yāoqiú　*n. requirement*

要 求

zhù yì　*v. to pay attention to*

注 意

shàng wǎng　*v. to surf the Internet*

上 网

chúle　*prep. other than*

除 了

xīnwén *n. news*	huā *v. to spend*	jí *adv. extremely*
新闻	花　　花	极　　极

jiérì *n. festival*	shìjiè *n. world*	jiēdào *n. street*
节日	世界	街道

wénhuà *n. culture*		
文化		

📖 **注释** zhù shì · Notes >>>

1. 除了……以外，都/还/也……

(1) 除了这个汉字以外，别的汉字我都认识。

(2) 除了唱歌以外，他还喜欢跳舞。

2. 疑问代词活用2

这个饭馆有没有什么特别好吃的菜？

🔔 **俗语** sú yǔ · Common saying >>>

yī shì yī ， èr shì èr
一是一，二是二。 Call a spade a spade.

一是一，二是二。

Wǒ xiànzài lèi de xiàle bān jiù xiǎng shuì jiào
16 我现在累得下了班就想睡觉
I am so tired that I want to do nothing but sleep after work

🔍 **生词** shēng cí · Words >>>

chéngshì *n. city*	rúguǒ *conj. if, in case*	rènwéi *v. to think, to believe*
城市	如果	认为

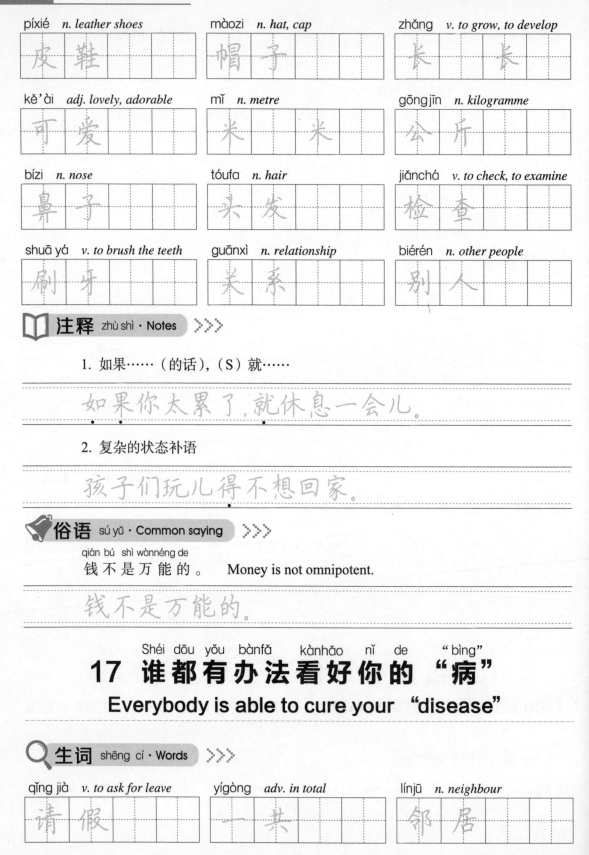

píxié *n. leather shoes*

皮 鞋

màozi *n. hat, cap*

帽 子

zhǎng *v. to grow, to develop*

长 长

kě'ài *adj. lovely, adorable*

可 爱

mǐ *n. metre*

米 米

gōngjīn *n. kilogramme*

公 斤

bízi *n. nose*

鼻 子

tóufa *n. hair*

头 发

jiǎnchá *v. to check, to examine*

检 查

shuā yá *v. to brush the teeth*

刷 牙

guānxì *n. relationship*

关 系

biérén *n. other people*

别 人

注释 zhù shì · Notes >>>

1. 如果……（的话），（S）就……

如果你太累了,就休息一会儿。

2. 复杂的状态补语

孩子们玩儿得不想回家。

俗语 sú yǔ · Common saying >>>

qián bú shì wànnéng de
钱 不 是 万 能 的 。   Money is not omnipotent.

钱不是万能的。

Shéi dōu yǒu bànfǎ kànhǎo nǐ de "bìng"
17 谁都有办法看好你的 "病"
Everybody is able to cure your "disease"

生词 shēng cí · Words >>>

qǐng jià *v. to ask for leave*

请 假

yígòng *adv. in total*

一 共

línjū *n. neighbour*

邻 居

hòulái *n. later, afterwards*	àihào *n. hobby, interest*	bànfǎ *n. way, approach*
后 来	爱 好	办 法

bǎo *adj. having eaten one's fill*	wèile *prep. for the sake of*	juédìng *v. to decide*
饱 饱	为 了	决 定

xuǎnzé *v. to choose*	dōng *n. winter*	bìxū *adv. must*
选 择	冬 冬	必 须

gēnjù *prep. according to*	kǒu *n. mouth*	kě *adj. thirsty*
根 据	口 口	渴 渴

📖 **注释** zhù shì · Notes >>>

1. 双音节动词重叠

(1)他是谁?你介绍我们认识认识吧。

(2)这是本新书,你学习学习吧。

2. 疑问代词活用3

(1)谁都喜欢小丽。

(2)小刚什么都喜欢吃。

🔔 **俗语** sú yǔ · Common saying >>>

zǎo shuì zǎo qǐ shēn tǐ hǎo
早 睡 早 起 身 体 好 。   Keeping early hours is good for your health.

早睡早起身体好。

延伸
yán shēn
Extension

chūn jié Zhōng guó sì dà chuántǒng jié rì zhī yī shì chuántǒng yì yì shàng de nóng lì xīn nián Zhōng guó rén
春节,中国四大传统节日之一,是传统意义上的农历新年。中国人
guò chūn jié zhì shǎo yǐ yǒu   nián yǐ shàng de lì shǐ   zài xiàn dài rén men bǎ chūn jié dìng yú nóng lì zhēng yuè
过春节至少已有4000年以上的历史。在现代,人们把春节定于农历正月
chū yī dàn yì bān zhì shǎo yào dào nóng lì zhēng yuè shí wǔ xīn nián cái suàn jié shù chūn jié shì Zhōng huá mín zú zuì lóng
初一,但一般至少要到农历正月十五新年才算结束。春节是中华民族最隆
zhòng de chuántǒng jiā jié
重的传统佳节。

57

Wǒ xiāngxìn tāmen huì tóngyì de
18 我相信他们会同意的
I believe they'll agree

🔍 生词 shēng cí · Words ≫≫

xiàng *prep. towards*

向			向	

wàn *num. ten thousand*

万			万	

zhī *m. used for certain animals*

只			只	

zuǐ *n. mouth*

嘴			嘴	

dòngwù *n. animal*

动	物			

duàn *m. used for sections*

段			段	

yǒumíng *adj. famous*

有	名			

tóngyì *v. to agree*

同	意			

xiāngxìn *v. to believe*

相	信			

guānyú *prep. about, regarding*

关	于			

jīhuì *n. opportunity*

机	会			

guójiā *n. country, nation*

国	家			

zhǒng *m. kind, type*

种			种	

qíguài *adj. strange, odd*

奇	怪			

de *part. used to follow an adverbial modifier*

地			地	

búdàn……érqiě…… *conj. not only...but also...*

不	但		而	且	

📖 注释 zhù shì · Notes ≫≫

只要……就……

只要我有时间，就一定跟你去旅游。

🔔 俗语 sú yǔ · Common saying ≫≫

jiàn guài bú guài
见 怪 不 怪 。 One has become inured to the unusual.

见怪不怪。

19 你没看出来吗

Didn't you recognise him

生词 shēng cí · Words >>>

ěrduo *n. ear*

耳朵

liǎn *n. face*

脸　脸

duǎn *adj. short*

短　短

mǎ *n. horse*

马　马

zhāng *m. used for flat objects*

张　张

wèi *m. a respectful measure word for people*

位　位

lán *adj. blue*

蓝　蓝

qiū *n. autumn, fall*

秋　秋

guò *v. to spend, to pass*

过　过

niǎo *n. bird*

鸟　鸟

kū *v. to cry*

哭　哭

Huáng Hé *n. Yellow River*

黄河

chuán *n. boat, ship*

船　船

jīngguò *v. to pass by*

经过

注释 zhù shì · Notes >>>

"使" "叫" "让"

(1) 读书使我快乐。

(2) 考试让我很紧张。

俗语 sú yǔ · Common saying >>>

bǎi wén bù rú yí jiàn
百闻不如一见。 To see something once is better than to hear about it a hundred times.

百闻不如一见。

Wǒ bèi tā yǐngxiǎng le

20 我被他影响了

I've been influenced by him

🔍 生词 shēng cí · Words >>>

bèi *prep. used to indicate the passive voice*

被　　　　被

nánguò *adj. sad*

难 过

dōng *n. east*

东　　　　东

guānxīn *v. to care for*

关 心

chéngjì *n. grade, performance*

成 绩

wǎn *n. bowl*

碗　　　　碗

fēn *v. to distinguish*

分　　　　分

jiějué *v. to solve*

解 决

shì *v. to try*

试　　　　试

zhàoxiàngjī *n. camera*

照 相 机

xìnyòngkǎ *n. credit card*

信 用 卡

duōme *adv. to a great extent*

多 么

zhǐyǒu ...... cái ...... *conj. only... (that/can...)*

只 有 才

📖 注释 zhù shì · Notes >>>

"被" 字句

(1)问题还没有被解决呢。

(2)病人还没被送到医院呢。

🔔 俗语 sú yǔ · Common saying >>>

chē dàoshānqián bì yǒu lù
车 到 山 前 必 有 路。　　The cart will find its way round the hill when it gets there.

车到山前必有路。